Geschichten aus der
Wundertüte

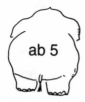

ab 5

ELEFANTEN PRESS Kinderbücher
herausgegeben von Gabriele Dietz

© ELEFANTEN PRESS Verlag 1991
Alle Nachdrucke sowie die Verwendung in Funk und Fernsehen
und sonstige Verwertungen sind genehmigungspflichtig.
Alle Rechte vorbehalten.

Umschlag und Zeichnungen: Klaus Stuttmann
Gesamtherstellung: Grafische Werkstatt von 1980 GmbH, Kassel

EP 403
Printed in the Federal Republic of Germany
ISBN 3-88520-403-7

ELEFANTEN PRESS
Oranienstraße 25
W-1000 Berlin 36

Die Deutsche Bibliothek – CIP-Einheitsaufnahme

Reisner, Stefan:
Geschichten aus der Wundertüte / Stefan Reisner. - Berlin :
Elefanten Press, 1991
    (EP ; 403 : Elefanten-Press-Kinderbücher)
    ISBN 3-88520-403-7
NE : GT

Stefan Reisner

Geschichten aus der Wundertüte

Zeichnungen von Klaus Stuttmann

ELEFANTEN PRESS

Inhalt

Der Urwald-Expreß

Im Norden von Thailand gab es bis vor kurzem noch einen großen Urwald. Dort arbeiteten Ali und Kali. Ali war ein großer Arbeits-Elefant, und Kali war seine Schwester. Ali hatte von der anstrengenden Arbeit, die er viele Jahre lang verrichtete, schon ganz zerrissene Ohren. Ali hatte die Bäume, die im Urwald gefällt werden, hinunter zum Fluß zu ziehen. Von dort schwammen sie in die Sägewerke nahe der Stadt Bangkok.

Kali war etwas kleiner, aber sie schleifte genausoviele Bäume aus dem Wald wie Ali.

Aus dem Holz wurden Schränke angefertigt, kleine Schüsseln zum Servieren von Erdnüssen oder einfach nur Zahnstocher.

Beide Elefanten hatten einen guten Freund. Das war Sinfah, der Elefantenjunge. Er kümmerte sich um die beiden: Er brachte sie zum Baden an den Fluß. Er legte ihnen die Ketten über den Kopf und achtete darauf, daß sie die Haut nicht aufscheuerten. Er brachte sie zu den besten Futterplätzen, wo sie die süßesten Blätter rupfen konnten.

Eines Tages sagte Sinfah: »Ich fürchte, es wird bald keinen Urwald mehr geben. Was sollen wir dann machen?«

Ali und Kali wurden vor Schreck ganz grau.

»Vielleicht«, fuhr Sinfah fort, »finden wir ein paar Touristen, die wir spazierentragen können.«

Ali und Kali schüttelten die Rüssel, was bei Elefanten das Zeichen goßer Sorge ist.

Als Ali und Kali am Abend zusammenstanden und sich den Sand aus der Haut scheuerten, sagte Kali zu Ali: »Wir sind schön dumm, daß wir jahrelang so brav gearbeitet haben. Wir haben den ganzen Urwald gerodet, und nun wissen wir nicht, wohin.«

Ali stampfte mit dem Fuß auf, daß es nur so dröhnte, und rief: »Die Menschen haben uns am Rüssel herumgeführt!« Und sie konnten kaum einschlafen.

Natürlich arbeiteten sie am nächsten Tag nicht ganz so eifrig wie sonst. Und Sinfah begann zu schimpfen: »Los, los, die Sägewerke brauchen Holz!«

»Ich möchte wissen, was aus Sinfah wird, wenn es keinen Wald mehr gibt«, sagte Ali am Abend.

»Ich möchte wissen, was aus uns wird«, entgegnete Kali.

So ging es einige Wochen, und der Urwald wurde immer kleiner.

Eines Nachts sagte Kali: »Ich habe eine Idee. Wir holen uns ein paar Bäume, und damit rennen wir weg. Und wir pflanzen uns einen eigenen Urwald, und da können wir dann frei und lustig leben.«

»Wie sollen wir das machen?« fragte Ali.

»Kräftig genug sind wir«, erklärte Kali.

Und so standen sie auf, so leise sie eben konnten, und schlichen in den Wald, so unauffällig, wie es Elefanten tun können, wenn sie unbemerkt bleiben wollen. Ali schob mit dem Kopf einen wunderbaren, riesigen Baum, bis er ganz schräg lag, dann zog er ihn vorsichtig aus dem Boden.

»Nimm du diesen Teak-Baum«, sagte er zu Kali. »Ich werde den Affenbrotbaum dort drüben forttragen.«

Sie liefen los: Es war Nacht, und alle Holzfäller schliefen,

und auch Sinfah hörte nichts.

»Schade, daß wir Sinfah nicht wiedersehen«, sagte Ali. Sie legten ihm ein Büschel Bananen neben das Bett als Abschiedsgeschenk.

Ali und Kali wanderten bis zum Morgen. Sie versteckten sich unter einer Autobahnbrücke. Es sah von weitem so aus, als wüchsen rechts und links der Straße zwei große Büsche. Aber das waren die beiden Bäume, die sie mitgeschleppt hatten.

Sie liefen drei Nächte lang, und das war eine so schwere Arbeit, wie sie es noch nie erlebt hatten.

In der vierten Nacht hörten sie ein Pfeifen.

»Was kann das sein?«

Ein Nachtvogel war es nicht. Auch kein Gebirgsmurmeltier, denn sie waren längst im Flachland. Es war ein Eisenbahnzug, der gerade seine Reise beendet hatte. Der Lokführer gab noch einmal ein Pfeifsignal, und dann ging er nach Hause.

Die beiden Elefanten standen hinter dem Bahndamm und staunten.

»Was für ein wunderschöner Zug!«

Dann sahen sie sich an, hoben die Rüssel, als wollten sie trompeten (was sie aber unterließen, um nicht aufzufallen), und dann nahmen sie ihre Bäume und stürmten los. Ali stellte die Bäume auf einen Güterwagen. Und Kali kletterte in die Lok und studierte erst mal die Hebel und Uhren.

Und dann fuhren sie los.

So ging der Urwald auf Reisen. Ali sagte: »Irgendwo werden wir einen Platz finden für unseren Urwald.«

Und Kali ließ die Pfeife tönen. So kommt es, daß manche

Leute, die nachts nicht schlafen können, das Klickern und Klackern eines Zuges hören. Das ist der Urwald-Elefanten-Zug.

Neulich ist er durch die niederrheinische Tiefebene gefahren – immer auf der Suche nach einem Platz für den Urwald.

Und Ali hat Zettel aus dem Fenster geworfen, auf denen stand: »Urwald zu vermieten! Wer einen Urwald haben will, der soll sich melden. Wir sind unterwegs und können sofort liefern.«

Es ist wirklich eine einmalige Gelegenheit.

Brötchenraub in der Schloßallee

Mein Onkel Paul hat vor einigen Tagen ein großes Durcheinander angerichtet.

Er wollte nämlich ganz besonders gern eine Krokodiltasche haben.

»Eine Krokodiltasche ist schick, haltbar und treu«, sagte er.

Und so besorgte er sich ein Krokodil. Und zwar im Fundbüro, wo gerade ein Kaiman – so heißt eine besonders handliche Art der Krokodilfamilie – abgegeben worden war. Der Kaiman hatte in der Kanalisation gelebt, aber auf Dauer waren die Abflußröhren kein Platz für ein Krokodil. Onkel Paul band dem Krokodil ein grünes Band als Henkel um den Bauch und erklärte dem Tier seine Aufgabe: »Du bist jetzt meine Krokodiltasche. Wenn ich dir einen Stups auf den Kopf gebe, dann öffnest du das Maul und nimmst, was ich dir gebe.«

Onkel Paul probierte es gleich. Das Krokodil öffnete sein Maul, und Onkel Paul legte seinen Haustürschlüssel hinein.

»Brav«, sagte er, »sehr brav!«

Und dann ging Onkel Paul auf eine Party und trank dort Sekt. Natürlich staunten alle über seine Krokodiltasche. Onkel Paul stupste sie, das Krokodil öffnete das Maul, und Onkel Paul legte ein belegtes Brötchen hinein.

»Das ist ja ganz reizend«, sagte eine Dame und versuchte es auch.

»Hilfe, eine Tasche mit Zähnen«, schrie sie, »ich krieg' meine Hand nicht mehr raus!«

»Ja«, sagte Onkel Paul, »meine Krokodiltasche paßt auf!« Und die Dame errötete bis zu den Haarwurzeln.

Aber dann tat das Krokodil etwas Unerwartetes. Es schaukelte in seinem Henkel und schnappte nach einer Elefantenledertasche, die einer Frau im grünen Kleid über der Schulter hing.

»So eine Frechheit, Ihre Tasche hat meine Tasche geschnappt!« wütete die Frau.

Eine Frau im Anzug sagte: »Gib heraus, was dir nicht gehört!«

Aber das Krokodil öffnete nur sein Maul und grinste.

Und dann schnappte es nach der Frau mit dem Anzug.

Onkel Paul war die Sache natürlich peinlich.

»Meine Tasche ist noch eine junge Krokodiltasche«, entschuldigte er sich.

Aber da hatte das Krokodil schon die Kerzen vom Leuchter gefressen.

»Ich bringe meine Klamotten in Sicherheit«, sagte eine andere Frau, »wer hat diesen Onkel Paul eigentlich eingeladen?«

Nun wurde zum Tanz gespielt. Und alle versuchten, den Tango zu tanzen.

Das Krokodil rülpste laut. Und Onkel Paul entschuldigte sich wieder: »Das ist nur meine Tasche.« Er beschloß, seine Krokodiltasche in der Garderobe abzugeben. Dort hing ein Wildledermantel, der sofort die Flucht ergriff, als er die Krokodiltasche erblickte.

Onkel Paul kehrte in den Saal zurück und tanzte mit der Frau im grünen Kleid den Tango.

Das Krokodil langweilte sich in der Garderobe und sagte zu der Garderobenfrau: »Gute Frau, ich würde jetzt liebend gern ein Bad nehmen.«

Die Garderobenfrau fiel vor Schreck in Ohnmacht. Da beschloß das Krokodil, zurück in sein Kanalloch zu wandern.

Als die Gäste endlich nach Hause gingen, fand Onkel Paul seine Krokodiltasche nicht wieder, und der Wildledermantel war auch weg, und die Garderobenfrau lag in tiefer Ohnmacht. Onkel Pauls Hausschlüssel war weg und das Brötchen auch, und die Frau im Anzug hatte keinen Wildledermantel, obwohl es draußen seit Stunden schneite. Es war ein ziemlich großer Skandal, und es stand am nächsten Tag in der Zeitung.

15

Die Rekordnudel

Es gab einmal zwei Köche, die wollten einen Weltrekord aufstellen. Sie wollten die längste Spaghetti-Nudel der Erde herstellen.

Sie besorgten sich mehrere Lastwagen voller Mehl, und dann mieteten sie das Schwimmbad. Spaghetti werden bekannntlich nur aus Mehl und Wasser hergestellt. Für die längste Nudel der Erde brauchten sie natürlich eine riesige Schüssel, und da eine so große Schüssel nicht zu finden war, mußten sie den Teig im Schwimmbecken zubereiten. Das Umrühren und Durchkneten machte besondere Schwierigkeiten. Erst versuchten sie es mit Spaten, aber die brachen ab. Dann holten sie einen Bagger, und der mischte den klebrigen Teig durch.

Einer der beiden Köche, Louis de Pomme mit Namen, wäre beinahe im Nudelteig versunken. Bis zum Hals steckte er schon drin und schrie um Hilfe. Sie warfen ihm einen Rettungsring zu und zogen am Seil, aber der Teig klebte so fest, daß sie Louis de Pomme nicht herausziehen konnten. Der Bagger mußte einen ganzen Klumpen herausheben, mit Louis de Pomme in der Mitte drin, und am Beckenrand schabten sie dann den Teig von seinem Körper.

»Was bin ich froh, daß ich nicht im Nudelteig versunken bin«, keuchte Louis de Pomme erschöpft.

Jetzt hatten sie ein Schwimmbad voller Nudelteig. Wie sollte daraus jemals die längste Nudel der Welt werden?

Nun gab es drei Professoren in Wien, die wußten alles. Aber

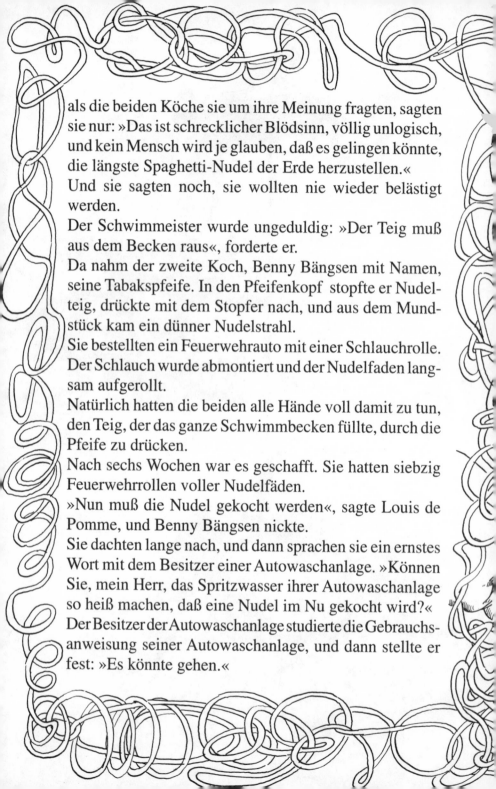

als die beiden Köche sie um ihre Meinung fragten, sagten sie nur: »Das ist schrecklicher Blödsinn, völlig unlogisch, und kein Mensch wird je glauben, daß es gelingen könnte, die längste Spaghetti-Nudel der Erde herzustellen.«

Und sie sagten noch, sie wollten nie wieder belästigt werden.

Der Schwimmeister wurde ungeduldig: »Der Teig muß aus dem Becken raus«, forderte er.

Da nahm der zweite Koch, Benny Bängsen mit Namen, seine Tabakspfeife. In den Pfeifenkopf stopfte er Nudelteig, drückte mit dem Stopfer nach, und aus dem Mundstück kam ein dünner Nudelstrahl.

Sie bestellten ein Feuerwehrauto mit einer Schlauchrolle. Der Schlauch wurde abmontiert und der Nudelfaden langsam aufgerollt.

Natürlich hatten die beiden alle Hände voll damit zu tun, den Teig, der das ganze Schwimmbecken füllte, durch die Pfeife zu drücken.

Nach sechs Wochen war es geschafft. Sie hatten siebzig Feuerwehrrollen voller Nudelfäden.

»Nun muß die Nudel gekocht werden«, sagte Louis de Pomme, und Benny Bängsen nickte.

Sie dachten lange nach, und dann sprachen sie ein ernstes Wort mit dem Besitzer einer Autowaschanlage. »Können Sie, mein Herr, das Spritzwasser ihrer Autowaschanlage so heiß machen, daß eine Nudel im Nu gekocht wird?«

Der Besitzer der Autowaschanlage studierte die Gebrauchsanweisung seiner Autowaschanlage, und dann stellte er fest: »Es könnte gehen.«

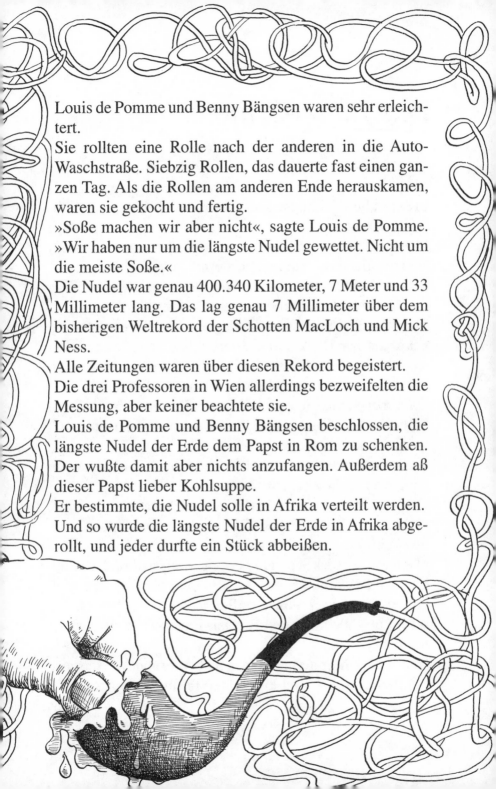

Louis de Pomme und Benny Bängsen waren sehr erleichtert.

Sie rollten eine Rolle nach der anderen in die Auto-Waschstraße. Siebzig Rollen, das dauerte fast einen ganzen Tag. Als die Rollen am anderen Ende herauskamen, waren sie gekocht und fertig.

»Soße machen wir aber nicht«, sagte Louis de Pomme. »Wir haben nur um die längste Nudel gewettet. Nicht um die meiste Soße.«

Die Nudel war genau 400.340 Kilometer, 7 Meter und 33 Millimeter lang. Das lag genau 7 Millimeter über dem bisherigen Weltrekord der Schotten MacLoch und Mick Ness.

Alle Zeitungen waren über diesen Rekord begeistert.

Die drei Professoren in Wien allerdings bezweifelten die Messung, aber keiner beachtete sie.

Louis de Pomme und Benny Bängsen beschlossen, die längste Nudel der Erde dem Papst in Rom zu schenken. Der wußte damit aber nichts anzufangen. Außerdem aß dieser Papst lieber Kohlsuppe.

Er bestimmte, die Nudel solle in Afrika verteilt werden. Und so wurde die längste Nudel der Erde in Afrika abgerollt, und jeder durfte ein Stück abbeißen.

Das Taifun-Schwein

In einer alten Zeitung in Shanghai habe ich diese Geschichte gefunden:
In einem Tempel in den Luofo-Bergen lebte einst ein Mönch, der den Namen Flüsternde Wolke hatte. Eines Sommers machte er sich auf die Reise nach Macao. Dort traf er einen Mann mit dem Namen Kang.
Einmal wollten sie einen Ausflug machen. Sie mieteten ein Boot, um zur Höhle der Unsterblichen zu rudern. Unterwegs hielten sie an einer kleinen Insel an, und sie kamen durch einen Bambuswald in ein winziges Dorf.
Da bemerkten sie eine große Mutter-Sau mit sieben kleinen Schweinchen. Sie schnubbelte mit der Nase am Boden und quiekte und schmatzte.
Kang sagte: »Wenn man wüßte, was diese Sau sagt, dann wäre man vielleicht schlauer.«
Der Mönch, der lange in den Bergen gelebt hatte, antwortete: »Nichts leichter als das. Ich verstehe die Sprache der Schweine einigermaßen gut.«
»Und was sagt das Schwein?« wollte Kang natürlich wissen.
Flüsternde Wolke übersetzte: »Es sagt: Kinder, seht euch vor, es wird gleich einen Taifun geben. Es ist besser, wir setzen uns alle unter den Banyan-Baum. Dort sind wir in Sicherheit.«
Und wirklich, innerhalb einer halben Stunde verdüsterte sich der Himmel, und ein wilder Taifun tobte heran und

überschwemmte die Felder und deckte die Dächer der Häuser ab.

Die beiden Reisenden wurden klitschnaß und mußten sich an den Bäumen festhalten, um nicht davongeweht zu werden.

Kang gefiel das gar nicht, und später erzählte er dem Zeitungsreporter aus Shanghai:

»Zuerst dachte ich, der Mönch Flüsternde Wolke müsse ein ganz besonders weiser Mann sein. Man stelle sich vor: ein Mönch, der die Sprache der Schweine versteht. Aber dann dachte ich darüber nach und fand, daß man wohl jede Sprache erlernen kann. Aber was für ein besonderes Schwein muß es sein, das einen Taifun voraussagen kann! Davon hat man bisher noch niemals gehört. Der Mönch kann gut und gern auch als Schweinehirt arbeiten, aber das Schwein, das kann das Wetter voraussagen. Die Stellen im Meteorologischen Institut sind gut bezahlt, und Leute, die das Wetter richtig voraussehen, die werden immer gebraucht.«

Wundertüten

In der Provinz Yünnan nahe der Stadt Kunming, in dem kleinen Dorf Zhaxije, ist es heute noch üblich, wie in ganz China auch, daß die Eltern bestimmen, wen ihre Söhne und Töchter heiraten sollen.

Manchmal sehen sich die jungen Leute am Tag ihrer Hochzeit zum ersten Mal.

Manchmal suchen die Eltern für ihre Tochter den richtigen Mann aus. Oder für den Sohn die richtige Frau. Es kommt aber auch vor, daß sich die Eheleute, die so füreinander bestimmt wurden, überhaupt nicht vertragen. Da werden dann Stühle zerbrochen, und Fensterscheiben klirren.

Manche Eltern sind unvernünftig, und die suchen für ihre Söhne und Töchter Partner aus, die gar nicht passen. Schön, aber faul. Oder sie sind nur stark im Trinken und Schwatzen. Oder sie wollen lieber allein sein. Außerdem gibt es immer Jungen und Mädchen, die heiraten wollen. Die haben aber Eltern, die können sich nicht entscheiden und wollen ihre Kinder daher nicht verheiraten.

Der Dorfsekretär von Zhaxije, der immer den Streit schlichten mußte, machte sich große Sorgen.

Am besten wäre es, wenn die jungen Leute sich ihre Partner selbst aussuchen könnten, dachte der Dorfsekretär. Aber das ist gegen alle gute Sitte. Seit Tausenden von Jahren bestimmen die Eltern. Und so machte er einen anderen Vorschlag.

Jedes Mädchen wurde in eine große Packpapiertüte gestellt. Auf dem Marktplatz versammelten sich alle, und die Jungen, die heiraten wollten, durften sich jeder eine Tüte greifen. »So ist es gerecht«, sagte der Dorfsekretär. Denn keiner wußte, welches Mädchen in der Tüte drin war.

Und damit auch die Mädchen zugreifen konnten, wurden das nächste Mal die Jungen in die Tüten gestellt.

Allerdings erwies sich diese Idee als ebenso erfolglos wie die Auswahl durch die Eltern.

Einige junge Paare verstanden sich prächtig. Andere zankten von der ersten Minute, da sie aus der Tüte kamen, miteinander. Und es wurden Teller zerbrochen und Stühle zerhackt.

Die glücklichen Paare schweißten ihre Fahrräder zusammen und fuhren nur noch im Tandem spazieren.

Der Dorfsekretär war ratlos. Außerdem bekam er eine Beschwerde aus der Zentralregierung im fernen Peking:

Warum, Herr Dorfsekretär, werden in ihrer Gegend so viele Packpapier-Tüten verschwendet?

Da sagte der Sekretär: »Sollen doch alle machen, was sie wollen.«

Und so kam es. Einige Paare wurden noch immer von den Eltern zusammengebracht. Andere spielten weiter das riskante Spiel mit den Tüten. Manchmal taten sie den richtigen Griff, manchmal nicht.

Und einige junge Leute sagten: »Das entscheiden wir selbst.« Und sie suchten sich selbst aus, wen sie heiraten wollten.

Aber auch die, die sich jemanden aussuchten, mit dem sie zusammenleben wollten, waren nicht gesichert gegen Irrtümer. Genau gesagt, sie irrten sich genauso oft wie die anderen.

Erst hieß es: Wir heiraten aus reiner Liebe! Und manchmal blieb das so. Und manchmal nicht. Dann zitterten die Lampen, und die Tische knickten ein. Und der Dorfsekretär mußte auch hier den Streit schlichten.

In seinem Bericht, den er nach Peking schickte, schrieb der Sekretär: »Die Liebe dauert, oder sie dauert nicht.« Und dann fügte er in seiner feinen Schrift hinzu: »Sie ist ein Geschenk des Himmels.«

Hannoman

Der berühmteste Affe der Welt heißt Hannoman. Er ist ein guter Affe.

Er lächelt und freut sich immer. Er wird in allen Ländern des großen Asien hoch verehrt. Er ist der Gott der Affen. Und er ist so gutmütig, daß er nicht nur den Affen Gutes tut, sondern auch den Menschen, die ja bekanntlich entfernte Verwandte der Affen sind.

Wenn ein armer Mann einen Eierkorb stiehlt, dann bestraft er ihn nicht, sondern schenkt ihm ein paar Küken.

Wenn ein reicher Mann seinen Arbeitern im Reisfeld zu wenig Geld gibt, dann kommt Hannoman, der Affengott, und legt ein paar Groschen zu.

Hannoman hat jeden Krieg verboten. Und so hat es zwischen den Affen auch noch niemals Krieg gegeben.

Hannoman wohnt in einem Tempel im obersten Stockwerk, und von dort aus blickt er über die Erde. Und wo er Unrecht sieht, da ist er zur Stelle: Er schwingt sich an seinem Seil herunter und versucht, das Unglück zu reparieren.

So hat er immer viel zu tun. Aber er lacht und freut sich. »Es macht Spaß, der gute Gott der Affen zu sein. Andere Götter haben es viel schwerer.«

Hannoman war noch nie zornig, und kein einziger Affe hatte Angst vor ihm. Alle freuten sich, wenn sie ihn sahen. Sie stellten ihm Bananen und Feigen vor die Türen. Und sie sangen in der Nacht Lieder, um Hannoman zu unterhalten. Natürlich waren die anderen Götter eifersüchtig. »Warum ist Hannoman so beliebt?« fragten sie. Denn sie waren viel schönere Götter. Viel mächtiger und prächtiger. Sie wohnten in größeren Tempeln. Sie waren nicht so häßlich wie der Affe Hannoman.

Sie beschlossen, den Affengott in einen großen Käfig zu sperren. Die Götter Rama und Shiwa bauten einen Käfig aus Eisenstäben, in den legten sie Bananen und lockten so Hannoman hinein. Schnell schlossen sie die Tür, und nun saß Hannoman gefangen.

»So«, sagten sie, »jetzt müssen uns alle Affen auf Erden verehren und uns lieben und achten. Jetzt haben wir die Nachfolge von Hannoman übernommen.«

Und sie schrieben Briefe an alle Affen und forderten sie auf, unverzüglich jeden Tag zehn Kilo Bananen pro Affe abzuliefern. Und das Singen in der Nacht sei sofort einzustellen.

Hannoman saß in dem Käfig und sagte: »Rama und Shiwa sind eifersüchtig. Dabei sind sie die schöneren Götter.«

Es war wirklich ein guter Affe.

Er nahm einen Spiegel, und als Rama und Shiwa vorbeischauten, da zeigte er ihn ihnen: »Seht, ihr seid die schönsten Götter auf der Erde. Und wer schön ist, der braucht nicht böse zu sein. Und außerdem: alle werden eure Schönheit nur erkennen, wenn sie mich sehen. Ich bin ein häßlicher Affe. Und neben euch bin ich noch häßlicher.«

»Du willst uns nur etwas aufschwatzen.«

»Wir können dich nicht mehr freilassen.«

Die Affen, die das Gespräch im nahen Wald mit angehört hatten, sahen nun, daß die Götter nicht nur schön, sondern auch böse waren. Und Hannoman war häßlich, aber er war

ein guter Affe. Er war der beste Affe der Welt, und er war ein freundlicher Gott.

Da sagten sie zu Rama und Shiwa: »Seht, ihr großartigen Götter, ihr seid so prächtig und mächtig, daß ihr euch mit so blöden Affen, wie wir es nun einmal sind, gar nicht abzugeben braucht.«

»Was sollen wir sonst tun?«

»Ihr seid die schönen Götter, die für die Menschen gemacht sind. Geht zu den Menschen und kümmert euch um die.«

Dies reizte die Götter, und sie gingen zu den Menschen.

Die Affen aber schnappten sich eine Brechstange, und mit vereinten Kräften holten sie Hannoman aus dem Käfig.

Hannoman lachte und sagte: »So sind alle Götter zufrieden.« Und er nahm seine gewohnte Beschäftigung als Gott aller Affen wieder auf. Er tat nur Gutes, und die Affen der ganzen Welt lieben ihn deswegen.

Das springende Auto

Nelly wohnte neben einem Erfinder. Und der ließ seine Erfindungen achtlos herumstehen. Maschinen mit langen Armen und blinkenden Birnen. Große Kästen mit langen Schläuchen. Alles stand so herum. Überall im Garten und sogar auf der Straße vor dem Haus.

Eines Morgens stand dort ein seltsames Auto. Es hatte keine runden Räder. Die Autoreifen waren viereckig wie Schuhkartons.

Nelly war neugierig, und sie klappte die Tür auf und stieg in das seltsame Auto ein.

Sie ruckelte an den Hebeln und drückte auf die Schalter, und das Auto begann zu brummen. Und dann sprang es los.

Die Erfindung, die der Erfinder gemacht hatte, war nämlich die eines springenden Autos. Es fuhr nicht geradeaus und um die Ecke, sondern es sprang.

Wie ein Frosch. Oder wie eine Springmaus. Hupps, machte es und sprang los.

Der Erfinder hat sich nämlich geärgert, daß er auf dem Weg in seine Werkstatt täglich im Stau stehenbleiben mußte. Tausende von Autos verstopften die Straße und die ganze Stadt, und es ging nicht vorwärts und nicht rückwärts und um die Ecke auch nicht. Es stank und dröhnte, und alle Leute wurden immer ärgerlicher.

»Man müßte über all die anderen Autos einfach hinwegspringen können«, sagte der Erfinder. Und so machte er sich an die Arbeit und erfand das springende Auto.

Bei Erfindungen ist bekanntlich das Wichtigste, daß der Erfinder weiß, was er erfinden will. Niemand kann irgend etwas einfach so ins Blaue hinein erfinden. Aber wenn der Erfinder weiß, was er erfinden will, dann hat er gute Chancen. Niemand käme einfach so auf die Idee, eine Bratpfanne mit Musik zu erfinden. Oder ein Telefon mit Parfümzerstäuber. Aber wenn jemand diese Dinge unbedingt braucht, dann kann ein Erfinder sich Gedanken machen. Und da ein springendes Auto keine üble Idee ist, hatte der Erfinder Erfolg, und er erfand das springende Auto innerhalb einer halben Woche.

Nelly fand das großartig. Sie sprang mit dem Auto erst mal quer durch die Stadt.

Die Leute blieben mit offenen Mündern stehen und staunten. So etwas hatten sie noch nie gesehen.

Nelly winkte ihnen freundlich zu. Und dann sprang sie weiter.

Ein Kameramann vom Fernsehen wollte das springende Auto sofort für die Abendnachrichten filmen. Aber jedesmal, wenn er seine Kamera anstellte, sprang Nelly weiter, und so kam sie nie ins Bild. Als der Kameramann den Film vorführte, war das springende Auto darauf gar nicht zu sehen: Es war immer aus dem Bild herausgesprungen.

Die Autofahrer kriegten einen Schreck, als sie an der Ampel warteten und plötzlich Nelly mit ihrem springenden Auto über die hinwegsprang.

Hupps, machte das springende Auto und hopste los.

Der Polizist rief sofort die Zentrale an: »Hallo, hallo, hier springt ein Auto rum.« Die Zentrale rief zurück: »Bitte kommen. Sofort einfangen.«

Aber wie sollte der Polizist das springende Auto fangen? Er rannte hinterher, und jedesmal, wenn er die Hand ausstreckte, sprang das Auto weiter. Der Polizist war bald außer Atem.

»Wenn alle Autos anfangen zu springen«, sagte eine alte Dame, die in einem Straßencafé Kakao trank, »dann gibt das am Himmel ein großes Durcheinander!«

Nelly machte es großen Spaß, und sie lachte und winkte. Sie merkte gar nicht, daß langsam das Benzin knapp wurde. Und auf einmal – sie sprang los, und das Auto stand still. Es war auf das Dach eines Hauses gesprungen, und da stand es nun. Oder es hing, besser gesagt, ganz schräg oben am Dachfirst. Die Leute unten sahen ganz winzig aus.

Nelly blickte hinunter, drehte an den Knöpfen und schob die Hebel vor und zurück, aber das Auto sprang nicht mehr.

»Wie kommt ein Auto auf das Dach?« wollten die Leute wissen. Eine große Menschenmenge hatte sich versammelt. Nelly winkte und rief: »Holt mich hier herunter!«

Die Feuerwehr kam und fuhr eine lange Leiter aus, und Nelly konnte herunterklettern.

Nellys Mutter schimpfte: »Was hast du wieder angestellt?«
Der Polizist wollte einen Strafzettel ausschreiben, wegen
falschen Parkens. »Ein Auto gehört nicht auf ein Dach!«
sagte er.
Aber da Nelly sowieso kein Geld hatte, ließ er es sein und
sagte nur: »Tu das nie wieder! Wo kämen wir hin, wenn alle
Leute ihre Autos auf die Dächer stellten!«
Nelly versprach feierlich: »Ich hopse nie wieder mit dem
Auto herum.«
Der Erfinder suchte drei Tage lang sein springendes Auto.
Auf die Idee, auf dem Dach nachzusehen, kam er nicht.
Daher klebte er einen Zettel an die Tür, auf dem stand:
Auto entsprungen! Der Finder wird belohnt.
Aber es meldete sich niemand. Und so hängt das springen-
de Auto immer noch da oben, in der Gottlieb-Schunkel-
Straße Nummer 43.

Was die Igel vorhaben

Im Jahre 2015 – so haben die Igel beschlossen – werden die Autofahrer endlich zur Vernunft kommen und es sorgfältig vermeiden, auf den Landstraßen weiterhin so viele Igel zu überfahren.

Die Igel werden dann nämlich so weit sein, daß ihre Stachelpanzer nicht mehr aus Horn sind, sondern aus nichtrostendem Stahl. Jeder Igel wird wie eine mit Stricknadeln gespickte Stahlkugel aussehen, und jedes Auto, das versucht, einen Igel zu überfahren, wird unweigerlich mit zerrissenen Reifen im Straßengraben landen.

Um diesen Plan – den die Igel einmütig beschlossen haben – in die Tat umzusetzen, haben die Igel begonnen, Eisentabletten zu schlucken, an Nägeln zu lutschen und Drahtzäune zu fressen.

In der tiefen See

Das hat mir ein alter Fischermann erzählt, den ich in der Silvermine-Bucht von Hongkong getroffen habe:
Es fuhr einmal ein großer Ozeandampfer über See. Das war in einer Zeit, als die Leute noch mit dem Schiff reisten. Heute fliegen sie ja im Flugzeug. Damals – und der Fischermann war damals ein junger Mann – nahmen die Leute ein Schiff, und damit waren sie viele Wochen unterwegs, um von London nach Hongkong zu reisen.
Der Dampfer »Stella« war besonders beliebt. Es fuhren auf ihm nicht nur Engländer. Auch Russen und Deutsche. Ein Slowake und viele Chinesen, die in ihre Heimat zurück wollten.
So wurden auf diesem Schiff ganz viele Sprachen gesprochen. Manchmal gab das natürlich ein großes Durcheinander, denn kaum ein Kellner auf der Welt spricht alle Sprachen. Einer verstand zwar ein bißchen Lettisch, aber Aramäisch konnte er nicht. Der andere war fließend in Französisch, aber mit dem Irischen kam er nicht zurecht.
So reisten die Leute wochenlang auf dem Schiff, und wegen der vielen Sprachen konnten sie sich untereinander kaum unterhalten. Die Griechen sprachen mit den Griechen, aber nicht mit den Neuseeländern. Die Deutschen sangen deutsche Lieder. Und der Pfarrer aus dem Vatikan sprach lateinisch, und das verstand auch kaum jemand.
Fast alle Sprachen der Welt waren auf diesem Schiff versammelt, erzählte der Fischermann.

Nun kam das Schiff in der Südchinesischen See, die ein sehr gefährliches Meer ist, in einen Sturm. Es war schon ein Hurrikan. Kurzum, das Schiff war trotz seines tüchtigen Kapitäns und seiner erfahrenen Matrosen (die aus den Philippinen kamen) nicht zu retten.

Alle schrien durcheinander vor Angst: »Hilfe, Hilfe« in allen Sprachen der Welt.

Das Schiff versank in wenigen Minuten.

Und, so erzählte der Fischermann, als es auf dem Meeresgrund auflief, da sprachen plötzlich alle Menschen die gleiche Sprache. Im Meer, sagte er, tief im Wasser, da gibt es nur noch eine einzige Sprache. Oben auf der Erde, da geht es durcheinander zu, aber in den Tiefen des Meeres, da wird nur eine Sprache gesprochen, die alle verstehen.

Manchmal, sagte der Fischermann, kann man den großen Ozeandampfer nahe der Silvermine-Bay sehen, die blinkenden Lichter unten im Wasser. Da sitzen die Menschen fröhlich an den Tischen, und sie unterhalten sich fröhlich. Sie tanzen zu einer feierlichen Musik, und die Iren sprechen mit den Walisern und die Deutschen mit den Russen und die Neuseeländer mit den Maoris und die Chinesen mit den Japanern.

Und die Fische lachen, wenn der dicke Franzose aus Carcasonne einen Witz erzählt, den er schon hundertmal erzählt hat. Den Fischen macht das nichts aus, sie hören ihm immer wieder gern zu.

Das Spukschloß in Charroux

In einem großen Schloß in Frankreich gab es einen Spie–
gelsaal. Das war ein riesiger Raum, groß wie eine Turnhalle.
Und ringsum an den Wänden waren Spiegel befestigt. Das
Schloß stand in einer einsamen Gegend, und es kamen gar
keine Besucher. Dem Spiegelsaal war das sehr langweilig.
Die Spiegel blickte sich immer nur selbst an. Die eine Wand
blickte auf die andere Wand gegenüber. Jahrelang. Nur in
der Nacht nicht, da war es zu dunkel. Aber manchmal, vor
allem bei Vollmond, blinzelten sie doch einander zu. Das
war die einzige Abwechslung.
»Wir sind sehr einsam«, sagten die Spiegel im Spiegelsaal.
»Niemals hören wir Neuigkeiten, niemals sehen wir Kühe
oder Kamele. Niemals eine Eisenbahn. Und es kommt kein
König zu Besuch und auch kein Graf. Kein Franzose und
kein Engländer. Kein Japaner fotografiert uns.«
Und sie wurden sehr traurig.
Sie weinten dicke Tränen. Die Tränen liefen das Spiegel-
glas hinunter und tropften auf das Parkett. Das war das
einzige Geräusch im Spiegelsaal.
Jahrelang.
Eines Tages in den Ferien kam ein Junge mit dem Namen
Dominique während einer Radtour an dem Schloß vorbei.
Die Tür – besser gesagt: das Schloßportal – stand offen.
Dominique stellte sein Fahrrad ab und stieg die Schloßtreppe
hinauf. Er kam in den leeren Spiegelsaal. »Das sieht ja sehr
traurig aus hier«, sagte er, und das Echo antwortete: »…trau-

rig aus hier, aus aus hier …«

Die Tränen der Spiegel tropften. Dominique nahm sein Taschentuch und wischte einem der Spiegel die Tränenspur aus dem Kristallglas.

Da mußte der Spiegel plötzlich niesen.

Dominique sah sein Gesicht erst ganz rund, dann ganz lang. Die Ohren waren erst klein wie Linsen, dann groß wie Untertassen. Die Nase war erst spitz und dann lang.

Dominique schnitt eine Fratze. Da sah er aus wie ein Fernsehapparat unter Wasser.

Der Spiegel konnte sich nicht mehr halten und begann zu lachen. Und er lachte und lachte, daß die Tränen nur so herumflogen.

Die anderen Spiegel fingen auch an zu lachen. Sie kicherten und gickerten, gackerten und prusteten schließlich so laut, daß es ein höllischer Lärm war.

Dominique machte einen Handstand, und es sah aus, als wenn ein Affe auf dem Fahrrad fährt.

Hihi, hoho, huhu, lachten die Spiegel. Und klirrten und knisterten. Und dann lachten sie sich kaputt. Erst zersprang ein Spiegel in einer Ecke, dann ein anderer. Schließlich zerplatzten sie alle, und es gab ein mächtiges Geklirr.

Der ganze Spiegelsaal brach vor Gelächter zusammen.

»Ach«, rief ein Spiegel, »so haben wir seit Jahrhunderten nicht gelacht«. Und er zersprang.

Bald war der ganze feine Spiegelsaal nur noch ein einziger Scherbenhaufen. »Lachen ist besser als Weinen«, hauchte ein Splitter.

Dominique kletterte über die knirschenden Glasscheiben und sagte: »Dieses Schloß ist nicht sehr solide gebaut.

41

Schon beim ersten Gelächter fällt es zusammen.« Dominique wollte nämlich später einmal Maurer werden.

Er stieg auf sein Fahrrad und setzte seine Radtour fort.

Die Bauern, die auf den Feldern arbeiteten, die rings um das
Schloß in Frankreich liegen, hören manchmal aus der
Ruine ein leises Kichern. »In dem Schloß spukt es«, sagen
sie, und daher traut sich auch niemand, durch das offene
Schloßportal einzutreten.

Die drei mit dem Kontrabaß

Drei Chinesen saßen auf einer Mauer und erzählten sich was. Und zwar erzählte jeder eine Geschichte zum Sattmachen. Sie hatten nämlich Hunger und nichts zu essen. Der eine erzählte die Geschichte vom großen Reistopf. Der andere erzählte die Geschichte vom gebratenen Huhn. Und der dritte erzählte die Geschichte vom geräucherten Fisch. Mit jeder Geschichte wurden sie ein bißchen hungriger.

»Ich denke, das sollen Geschichten zum Sattmachen sein?!« schimpfte der eine.

Und der andere sagte: »Mir knurrt der Magen!«

Und der dritte sagte: »Wir reden uns alle ein Loch in den Bauch!« Und sie fragten sich, wie eine Geschichte gehen muß, die satt macht.

»Vielleicht macht eine Geschichte von dreckigen Tellern und ranzigem Brot satt?«

»Oder eine Erzählung von blutigen Haferflocken?«

»Oder ein Märchen über die dicken Wackersteine im Bauch der Großmutter?«

So berieten sich die drei.

Da kam ein Tourist vorbei und fotografierte die drei Chinesen. »Bitte lächeln«, sagte er, denn die drei lächelten gerade nicht.

Und dann sagte der Tourist: »Wo ist euer Kontrabaß?«

»Was für ein Kontrabaß?« fragten die drei wie aus einem Munde. Und der Tourist (Herr Schmelzberger aus dem Allgäu übrigens) erklärte: »Überall in der Welt heißt es:

Drei Chinesen mit dem Kontrabaß, saßen auf der Mauer und erzählten sich was...«

Die drei Chinesen verstanden nur Bahnhof.

»Also, wo ist der Kontrabaß?«

»Wir haben keinen«, sagten sie.

»Da bin ich aber enttäuscht«, antwortete der Tourist und wandte sich ab.

Die drei Chinesen auf der Mauer beratschlagten sich. »Wie wäre es, wenn wir uns einen Kontrabaß zulegten und damit unser Geld verdienten?«

Und so machten sie es. Sie gingen in ein Leihhaus gleich neben der Großen Chinesischen Mauer und liehen sich einen Kontrabaß.

Und dann übten sie. Einer spielte den Baß. Einer sang dazu. Und der dritte ging herum und sammelte das Geld ein.

Sie sangen das Lied vom »Old men river« und einige andere Songs von Louis Armstrong und auch »Love me tender« von Elvis Presley. Und sie waren so erfolgreich, daß sie nach Shanghai fahren konnten, und dort spielten sie in der berühmten Band im Peace-Hotel. Dort habe ich sie selbst gehört.

Und spät abends, wenn sie Lust dazu haben, dann zupfen und singen sie zum Kontrabaß das berühmte Lied:

Dru Chunusen mut dum Kuntrubuß, sußen uff der Muer und erzuhlten such wus...

Die Leute klatschen dann Beifall wie verrückt.

Und das alles war die gute Tat des Touristen Schmelzberger aus dem Allgäu.

Müde, müde Anna

Es gab einmal ein Mädchen, das schlief so gern. Es war eigentlich immer müde. Es hieß Anna Dornröse.

Die Mutter oder der Vater versuchten, sie am Morgen zu wecken. »Die Sonne blinkt, der Vogel ruft, steh auf, mein Kind!« sagten sie und lockten mit heißem Kakao, Himbeersaft oder Laugenbrezeln. Nichts half. Das Mädchen schlief weiter.

Dafür gab es eine natürliche Erklärung.

Als nämlich Anna Dornröse geboren wurde, da fragte die Hebamme im Krankenhaus: »Wie soll das Mädchen denn heißen?«

Und Mutter und Vater sagten: »Anna Dornröse.«

Die Hebamme ging in das Büro des Krankenhauses, und dort saß ein Beamter und fragte: »Ein Neuzugang?«

Neugeborene Menschen werden im Krankenhaus als Neuzugang bezeichnet.

»Ja, Anna Dornröse.«

Der Beamte schrieb den Namen in seinen Computer. Und dabei unterlief ihm ein Fehler. Er schrieb: An – und beim N blieb sein Finger auf der Taste liegen, weil gerade das Telefon klingelte – und so schrieb der Computer: Ann nnnnnnnnnnnnnnnnnnnnnnnnnnnnnnnnnnnnnnnnnnnnn nnnnnnnnnnnnnnnn – und dann hörte das Telefon auf zu klingeln, und der Beamte tippte ein A.

So kam es, daß Anna Dornröse durch die Unachtsamkeit eines Beamten den Namen Annnnnnnnnnnnnnnnnnnnnnn

46

nnnnnnnnnnnnnnnnnnnnnnnnnnnnnnna Dornröse erhielt.
Und wenn nun der Vater oder die Mutter am Morgen an ihrem Bett standen und sie wecken wollten, dann riefen sie: »Annnnnnnnnnnnnnnnnnnnnnnnnnnnnnnnnnnnnnnnnnnnnnnnnnnn nnnnnnnnnnnnnnnnnnnnnnnnnnnnnnnnnnnnnnnnnnnnnnnnnna, wach auf!«
Aber weil der Name so lang war, begannen sie am Morgen zu rufen: »Annnnn – « und so weiter, und sie summten den ganzen Tag über: »nnnnnnnnnnnnnnnn...« und so weiter, bis sie endlich am Abend, ganz außer Atem, am Ende angekommen waren: »... nnnnnnnnnnnnnnnnnna! Wach auf.«
Da war es natürlich schon wieder zu spät. Die kleine Dornröse schlug die Augen auf, sah, daß es Abend war und gähnte: »Ich bin so müde«, und sie drehte sich um und schlief wieder ein.
»Gute Nacht, Annnnnnnnnnnnnnnnnnnnnnnnnnnnnnnnn nnnnnnnnnnnnnnnnnnnnnnnnnnnnnnnnnnnnnnnnnnnnn nnnnnnnnnnnnnnnnnnnnna«, sagten Mutter oder Vater, und als sie mit dem Namen fertig waren, da graute schon wieder der Morgen.
»In diesem Haus«, sagten die Nachbarn, »geht es seltsam zu, da brummt und summt es tags und nachts.
Und sie lasen das Schild an der Tür, auf dem stand: »Annnnnnnnnnnnnnnnnnnnnnnnnnnnnnnnnnnnnnnnnnnnn nnnnnnnna Dornröse.«
Und da fingen auch die Leute an zu summen wie die Bienen.

So ist das Märchen

Gestern habe ich in Taiwan, das am Rande des Südchinesischen Meeres liegt, den Bildhauer Lin Yuang getroffen, und er hat mir eine Geschichte erzählt:
In einem Bambuswald dort hinter dem Dorf lebte einst eine Göttin. Sie lebte zusammen mit einem Gott, der zuständig war für die Reisfelder. Sie aßen den ganzen Tag Mangos und Lychees, beides sind sehr delikate Früchte. Eines Tages sagte der Gott zur Göttin: »Ich habe dich satt und werde dich verlassen.« Er nahm seine Bücher und die Bierflaschen, und er verschwand.

Die Göttin war sehr wütend. Sie verwandelte sich in einen Tiger und streifte durch den Bambuswald. Alle hatten Angst vor dem Tiger.

»Der Tiger wird unsere Kinder fressen«, sagten die Leute. Und so holten die Männer des Dorfes Stöcke und Keulen und suchten den Tiger. Sie gruben eine Fallgrube, und eines Tages fingen sie den Tiger und erschlugen ihn.

»Jetzt sind wir sicher«, sagten die Männer.

Aber ein alter Zauberer sagte: »Der Tiger schläft nur einen langen Schlaf. Wenn er aufwacht, wird er euch alle zerreißen.«

»Was sollen wir tun?« wollten alle wissen.

»Ihr müßt den Tiger verbrennen und die Asche überall verstreuen«, sagte der Zauberer. Und das taten sie. Sie machten ein großes Feuer.

Und sie verstreuten die Asche.

Da verwandelte sich die Göttin, die ein Tiger gewesen war, in viele kleine Mücken. Aus den Ascheresten und Knochensplittern wurden Moskitos, und die fliegen jeden Abend gegen fünf, wenn es dämmert, durch das Dorf und beißen jeden.

Lin Yuang, der Bildhauer, hat die Göttin in einen großen Stein gehauen, , auch von dem Tiger hat er eine Statue gemacht. »Aber wie soll ich aus meinen Steinen Bildnisse der Mücken machen?« fragte er mich, und ich wußte es nicht.

Wir saßen in der Dämmerung unter dem Bambus und tranken ein Bier. Unten im Reisfeld watete ein Mann durch das Wasser, und Lin Yuang sagte: »Da läuft der kleine Gott, und der weiß von alledem nichts.«

Die Erfindung des Pferderennens

Unter Onkel Pauls Vorfahren waren bekanntlich auch einige bedeutende Könige. Einer dieser Könige ist als Erfinder in die Geschichte eingegangen.

Onkel Paul erzählte: »Dieser König Paolo Sette Tre war der Erfinder des Pferderennens.«

»So ein Blödsinn, Onkel Paul, Pferde rennen doch von allein!«

Nee, nicht in der Gummi-Zeit. In der Stein-Zeit, ja, auch in der Bronze-Zeit und im alten China: das kennen wir ja alles von den Bronze- und Stein-Pferdchen aus diesen Jahrtausenden. Aber in der Gummi-Zeit, vor zigtausend Jährchen, da standen die Pferde still. Und sie schmatzten. Paolo Sette Tre wollte nun sein Volk, und die Pferde zählte er dazu, zu besseren Wesen machen. Mit mehr Kultur. Die Steinzeit liegt hinter uns, war seine Regierungsparole. Daher störte ihn das Schmatzen der Pferde ganz besonders. „Wir müssen Boxen für sie bauen, damit wir das nicht mit anhören müssen«, befahl er.

Und so wurden die ersten Pferdeställe der Geschichte gebaut. Sie waren eigentlich nicht als Ställe gedacht, sondern als Schmatzschutz.

Übrigens: nur im Abendland gilt seither das Schmatzen als unfein. In China ist es ein Zeichen größter Höflichkeit, wenn ein Pferd oder ein Gast bei Tisch schmatzt. Manche

Gelehrte behaupten daher, die Pferde seien aus Asien nach Europa gekommen.

Aber das nebenbei.

Paolo Sette Tre konnte die Pferde natürlich nicht den ganzen Tag lang einsperren. Die Stuten und Hengste und Fohlen standen viel lieber in der Sonne zwischen den Butterblumen, träumten von Hafer und Mohrrüben.

Paolo Sette Tre blickte eines Tages aus dem Fenster seines vierstöckigen Schlosses und erbleichte: »Um Himmels willen«, schrie er, »die Pferde sind ja nackt!«

Welche Unkultur! Kann es so in der Gummi-Zeit zugehen? König Paolo Sette Tre war, wie Onkel Paul erzählte, mächtig wütend.

Die größten Erfindungen werden oft durch Zufall gemacht. Aber in diesem Fall hatte König Paolo Sette Tre die alles auslösende Idee.

»Die Pferde müssen sofort etwas zum Anziehen kriegen«, schrie er und stampfte mit dem Fuß auf, und der Diener Meyer kam sofort ins Haus gerannt.

Es wurden Kleider und Anzüge herbeigeschafft aus dem Arsenal des Königs. Hüte und T-Shirts. Sonnenbrillen und Badeanzüge. Kleine schwarze Kleider und Regenmäntel. Jeans und Rüschenblusen. Complets und Röcke mit Pli und Plü, Büstenhalter und Hosenträger. Stiefel und Sandalen. Bahamas und Tuxedos.

»Schnell, schnell, zieht die nackten Pferde an. Ich kann keine nackten Pferde sehen, ich halte das nicht aus«, schrie Paolo Sette Tre.

Und die Diener und Dienerinnen stürzten zu den Stuten und Hengsten und Fohlen und warfen ihnen die Kleider über,

zwängten sie in die Anzüge, banden ihnen die Gürtel um und bedeckten alle nackten Teile.

Die Pferde fühlten sich mehr als unwohl. Sie wieherten und schlugen aus.

Und dann begannen sie zu rennen. Wie die wilden Pferde. Sie rannten und rannten. Und in ihrer Pferdesprache riefen sie einander zu: »Wer zuerst im Stall ist, hat gewonnen.«

So wurde das Pferderennen erfunden. Die Pferde sausten in die Ställe, zogen ihre Klamotten aus, so schnell sie konnten, und schmatzten so laut und so viel, wie sie es liebten. König Paolo Sette Tre hatte das Ganze vom Fenster aus angesehen, und er sagte nachdenklich: »Ich habe da, glaube

ich, eine große Erfindung gemacht: das Pferderennen.«
Heute werden den Pferden nicht mehr Konfirmationsanzüge
und Abendkleider angezogen, sondern nur noch bunte
Augenklappen und lederne Sättel. Aber auf dem Rennplatz
sind die Jockeys immer noch so bunt kostümiert, wie die
Pferde zu Paolo Sette Tres Zeiten, und die Zuschauer tragen
nun, zumindest wenn es sich um einen vornehmen Rennplatz handelt, dunkle Anzüge, und sie klatschen, wenn die
Pferde vorbeirennen.
Onkel Paul sagt immer: »Man sieht, wie die Zeiten sich
ändern. Heute stören uns nackte Pferde längst nicht mehr so
wie zu Zeiten von König Paolo Sette Tre.«

Happy Birthday

In China haben alle Leute am selben Tag Geburtstag.
Irgendein alter Kaiser hatte sich einst geärgert, daß jeden
Tag von irgendwem und irgendwo Geburtstag gefeiert
wurde: »Das ist eine viel zu große Unordnung.« Außerdem,
erklärte er, wäre es für die kaiserlichen Beamten viel zuviel
Arbeit, Geburtsscheine auszustellen.
Also verfügte er, daß alle Chinesen am gleichen Tag Geburtstag haben. Seither legen die Astrologen für jedes Jahr
den Geburtstag aller Chinesen fest. Das ist schon seit
Tausenden von Jahren so.
Und dann feiern alle. Es gibt in China in dieser Minute eine
Milliarde, zweiundsiebzig Millionen und neunhundert-
siebenundfünfzig Chinesen. Und in der nächsten Minute
sind es schon ein paar Hundert mehr. Denn wirklich geboren
werden die Chinesen natürlich, wie andere Menschen
auch, zu jeder Zeit. Meistens nachts, so gegen Morgen. Und
bei Gewitter sind es besonders viele. Das ist in Amerika
auch nicht anders.
So ein gemeinsamer Geburtstag bringt viele Vorteile. Aber
natürlich auch Nachteile. Zum allchinesischen Geburts-
tagsfest werden die Torten knapp.
Aber da alle feiern, macht es natürlich auch mehr Spaß: Die
Geburtstagskinder tanzen auf den Straßen, und am Abend
gibt es ein Feuerwerk für alle.
Feuerwerke sind in China besonders großartig, sie dauern
manchmal stundenlang. Und die Leute werden vom vielen

»Ah« und »Oh« Schreien ganz heiser.

Wenn dann alle Chinesen zu ihrem Geburtstag »Happy Birthday« singen, dann sollte dies eigentlich die ganze Welt hören.

Meine Freundin Li feiert allerdings sogar mehrmals im Jahr ihren Geburtstag. Einmal mit allen anderen Chinesen zusammen. Dann feiert sie noch ihren »richtigen« Geburtstag, also den Tag, an dem sie tatsächlich geboren wurde. Am 6. Juni.

Und dann feiert sie noch ihren Namenstag. Sie heißt nämlich nicht nur Li, sondern hat auch noch einen christlichen Namen. Und der ist Lilly.

Ich weiß nicht, ob es eine Namenspatronin, die Heilige Lilly, gibt. Aber Li feiert den Tag.

Dreimal im Jahr Geburtstag, das ist doch nicht schlecht, oder?

Der Trick mit dem Seil

Es gab einmal einen Riesenangeber. Der klopfte jedem auf die Schulter, und dann lachte er und rief: »Einen besseren Freund als mich werden Sie überhaupt nirgends finden.« Das war aber auch alles, denn der Riesenangeber dachte nur an sich selbst und kümmerte sich um andere überhaupt nicht. Er aß sein Eis allein, und Musik hörte er nur mit dem Kopfhörer und tanzte dazu und rief: »Ich bin der lustigste Tänzer auf Erden!«

Der Riesenangeber ging allen auf die Nerven. Er wußte alles, konnte alles, durfte alles, wollte alles, und darüber redete er die ganze Zeit.

Natürlich war er der beste Rollschuhfahrer seit Napoleon. Er war der stärkste Muskelmann aller Jahrhunderte. »Wenn ich will«, sagte er, »zerreiße ich ein Telefonbuch in drei Stücke.« Aber er wollte nicht.

Also, er war ein Riesenangeber. Er war groß, fett und schwer.

Eines Tages sagte er zu Stumpen: »Wenn ich wollte, könnte ich dich in mein Taschentuch packen, herumschleudern und bis nach Paris werfen.«

Stumpen war bei weitem nicht so groß und schwer wie der Riesenangeber. Er war eher klein. Deswegen nannten die Leute ihn Stumpen oder auch Steppke. Wenn er eine Geschichte erzählen wollte, mußte er immer laut schreien, damit überhaupt jemand zuhörte. »Seid ruhig«, sagten die Leute dann, »Stumpen schreit unter dem Tisch.«

Oben am Tisch saß der Riesenangeber und bummerte mit den Fäusten auf die Tischplatte und schrie: »Kein Rhinozeros ist so kräftig wie ich!«

Stumpen ärgerte sich und zupfte am Tischtuch und wollte auch mal was sagen. Und weil er sich so ärgerte, schrie er: »Du bist ein Riesenangeber und so aufgeblasen wie ein Pfannkuchen.«

Und so beschlossen sie einen Wettkampf. »Morgen um drei Uhr nachmittags – alle Mittel sind erlaubt.«

Die Leute klatschten Beifall und freuten sich. Die einen sagten: »Stumpen wird in den Boden gerammt. Schade um den armen Kerl!« Und andere sagten: »Der Riesenangeber sollte sich schämen, so einen kleinen Kerl herauszufordern.«

Niemand wettete auf Stumpen.

Der ging nach Hause und machte sich natürlich Sorgen. »Warum bin ich immer so vorlaut!« sagte er. Und er konnte die ganze Nacht nicht schlafen.

Am nächsten Tag ging er in Maxi Müllers Landhandel und kaufte ein Seil. Ein dickes Seil, ein Tau, und es war sehr lang und so schwer, daß er es kaum schleppen konnte.

Die Leute versammelten sich schon um zwei Uhr und freuten sich auf den Wettkampf.

Der Riesenangeber hatte ein gelbes T-Shirt angezogen, auf dem stand: »Ich bin der Größte!« Und auf dem Rücken stand: »Ich bin der Stärkste.«

Stumpen rief: »Wir wollen tauziehen.«

Der Riesenangeber lachte und sagte: »Nichts ist einfacher als das.«

Der Lehrer machte einen Strich auf den Boden, der Riesenangeber und Stumpen stellten sich gegenüber auf, und

jeder nahm ein Ende des Seils.

Der Riesenangeber ließ seine Muskeln im Sonnenlicht spielen. »Ah« und »Oh«, schrien die Männer, und die Mädchen riefen »Iiiih!«

Und dann ging es endlich los. »Eins, zwei, drei!«

Der Riesenangeber packte das dicke Tau und begann zu ziehen.

Stumpen hatte ein sehr, sehr langes Seil ausgesucht. Vielleicht war es hundert Meter lang. Stumpen hielt sein Ende in der Hand und rief: »Mich ziehst du nicht über den Strich!«

Der Riesenangeber wuchs zu doppelter Größe, er schrie wie ein Gorilla im Kino, und dann zog er. Er warf sich in das Seil – aber es war so lang. Er zog und zog, und es wurde immer länger. Er rannte rückwärts und keuchte: »Ich krieg' dich!«, und er zog und zog und rannte und stürzte immer schneller rückwärts. Das Seil war einfach zu lang. Der

Riesenangeber rannte und rannte, aber er konnte keinen Halt finden.

Er zerrte und zerrte an dem Seil und stolperte – und dann fiel er in einen Teich. Es war der Städtische Feuerwehrteich. Der Riesenangeber hatte zwar immer erzählt, er sei der beste Schwimmer der Südsee – aber das Wasser des Teiches war kalt, und der Boden war schlammig, und der Riesenangeber schrie: »Holt mich hier raus!«

Da lachten die Leute und klatschten, und Stumpen rief: »Du bist der Größte. Ich bin der Kleinste. Und mein Seil ist am längsten.«

Der Lehrer erklärte Stumpen zum Sieger.

Alle packten nun an, und mehr als zweihundert Leute zogen am langen Seil den Riesenangeber aus dem Teich. Und weil der Teich so tief und groß war, kann es sein, daß sie heute immer noch ziehen, wenn sie nicht inzwischen nach Hause gegangen sind. Der Riesenangeber jedenfalls sagt seitdem immer: »Ich bin zwar der Größte, aber Seilziehen ist nicht meine Stärke.«

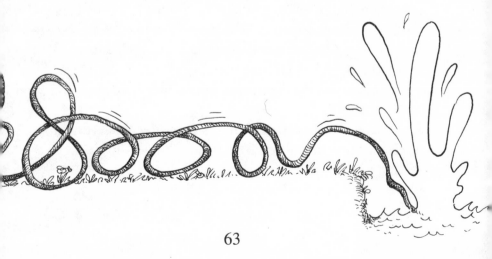

Die Papageien-Bande

Drei Papageien bildeten vor einiger Zeit eine Bande. Das war in Berlin. Jeder von ihnen konnte ein bißchen in der Menschensprache reden, aber nicht sehr viel.

Ein Amazonas-Papagei war bei einem Kunstmaler am Kreuzberg aufgewachsen und konnte nur ein Wort: »Wein«. Allerdings konnte er es in mehreren Sprachen sagen: vino, wine oder auch hong-pu-tao-jiu, was chinesisch ist und Rotwein heißt.

Ein anderer kam aus Kalimantan auf Borneo, und er wußte nur eines zu sagen: »Nein!« Er hatte seine Kindheit im Regenwald verbracht und war gegen seinen Willen von einem Ingenieur nach Siemensstadt geholt worden.

Und der kleine Graupapagei aus Papua-Neuguinea hatte die meiste Zeit seines Lebens bei einem Fotografen gelebt, und er hatte nur ein Wort gelernt: »Käse«.

Diese Dreier-Bande wollte nun gern einmal ganz groß ausgehen. Sie beschlossen, zum Kempinski zu gehen und dort zu speisen.

Der Oberkellner dort war einigermaßen entsetzt, als er die bunte Bande in seinen barocken Speisesaal flattern sah.

Lange blätterten die Papageien mit ihren Schnäbeln in der Speisekarte.

Ich muß erklären, daß die Papageien weder Wein trinken noch Käse essen wollten. Das waren Dinge, die sie nicht mochten.

»Was wünschen Sie?« fragte der Oberkellner.

Der erste Papagei rief: »Wein!«, weil er ja nichts anderes zu sagen wußte.

Darauf schrie der zweite: »Nein!«

Und der dritte konnte nur »Käse« sagen.

Und wieder rief der Kalimantan-Papagei entsetzt: »Nein!«

Der Oberkellner, der sehr nervös war und froh gewesen wäre, die Bande so schnell wie möglich aus seinem vornehmen Lokal fliegen zu sehen, murmelte: »Was denn? Wein nein, Käse nein?«

Er eilte in die Küche und griff, was gerade auf dem Brett stand, nämlich ein großes Stück Torte mit Schlagsahne. Da hauten die drei aber rein.

Die Sahne flog dem Oberkellner bis an die Backe. Da die Papageien Gäste waren, konnte er nicht schimpfen, er hätte es aber gern getan. So kam es, daß die Papageien-Bande regelmäßig ins Kempinski ging, wo sie immer sehr schnell bedient wurde. Und zwar bekamen sie immer wieder Torte.

»Ich kann diese Torte nicht mehr sehen«, sagte der eine zum anderen.

Sie sprachen miteinander natürlich in ihrer für Menschen unverständlichen Papageien-Sprache.

»Mir hängt die Torte zum Hals heraus«, sagte der zweite.

»Was sollen wir bloß tun, um endlich etwas so Wundervolles wie richtiges Papageien-Futter zu bekommen?« fragte der dritte.

Dem Oberkellner des Kempinski mangelte es offensichtlich an Phantasie. Er glaubte, Torte wäre nun mal das für Papageien beste Gericht.

Eines Tages trafen die drei Papageien zufällig auf der Jannowitzbrücke ein Nilpferd. Dieses war im Tierpark

65

von Ostberlin aufgewachsen und hatte dort vor lauter Langeweile ebenfalls gelernt zu sprechen. Das Nilpferd konnte ein Wort laut und deutlich aussprechen. Das Nilpferd sagte zu den Papageien: »Cashew-Nüsse«, und dazu grinste es freundlich.

»Das ist ja wunderbar«, sagte ein Papagei. »Du mußt mit uns zu Kempinski kommen!«

Das Nilpferd zögerte und zierte sich. Schließlich ließ es sich überreden, und so setzte sich die Dreier-Bande auf seinen Rücken, und man watschelte gemeinsam zum Kudamm.

Der Oberkellner wurde noch bleicher als seine weiße Weste, als er ein Nilpferd den Speisesaal betreten sah. Aber Gäste sind Gäste, und da das Nilpferd sogar eine Krawatte trug, konnte der Oberkellner gar nicht meckern.

»Was darf ich Ihnen bringen?« flüsterte er.

Laut schrie ein Papagei: »Wein!«

Der andere daraufhin sofort: »Nein!«

»Käse!«

»Nein!«

Und dann sagte das Nilpferd würdevoll: »Cashew-Nüsse« und lächelte freundlich.

Und die Papageien nickten eifrig mit den Köpfen.

Der Oberkellner verbeugte sich verdutzt und eilte in die Küche. »Wir haben keine Cashew-Nüsse«, brummte der Koch. Und der wütende Oberkellner bemerkte: »Was ist das hier für ein Sauladen.« Und er lief hinaus auf die Straße und kaufte bei einem Händler, der aus Chittagong eingewandert war, eine Tüte mit Cashew-Nüssen und brachte sie den Papageien.

Die fraßen sie vergnügt auf. Nur das Nilpferd sah zu, und
es hätte lieber ein Stück Linzer Torte gehabt, aber es konnte
ja keine Torte bestellen.

Märchen, wie es Eltern nicht leiden können

Alle Pflanzen im Garten der Marquise von S. haßten den Gärtner. Der war ein grober Kerl, der mit einem eisernen Besen herumfuhrwerkte und mit Gift um sich warf. Er hatte wenig Geduld. Was ihm nicht gefiel, riß er aus dem Boden und warf es auf den Mist. Alle Pflanzen hatten Angst, wenn sie seine Schritte hörten.

»Wir haben vor diesem Gärtner mehr Angst als vor einem Hagel!« sagte eine Aurelie.

»Dieser Gärtner ist schlimmer als ein Engerling, der die Wurzeln frißt«, sagte eine Erbse.

»Dieser Gärtner ist bösartiger als ein eiskalter Regen«, sagte die Gurke, und der Kürbis stimmte ihr zu.

Und dann schwiegen sie, weil sie den Tritt des Gärtners hörten. Er kam und klapperte mit der Gartenschere.

»Wir müssen etwas tun«, füsterte die Hagebutte.

»Wir können ihn stechen«, schlug die Rose vor.

»Wir können ihn anstinken«, meinten die Morcheln.

Die Tulpen hatten einen anderen Vorschlag: »Wir sollten alle singen! Damit alle erfahren, was er für ein Grobian ist!«

Alle sprachen nun durcheinander: »Wie das, wie können wir denn singen?«

»Hat jemand schon von einem singenden Baum gehört oder von einer schmetternden Hecke?«

»Wir können ja üben!« schlugen die Tulpen vor.

»Am besten ein Lied von Beethoven«, sagten die roten Rüben, »das paßt am besten.«

Aber das »Lied von der Freude«, das sie dann versuchten, erschien ihnen doch nicht passend.

Sie übten die ganze Nacht, erst summend und dann mit vollen Stimmen, so daß es klang wie ein Sturm in einer Herbstnacht. Die Haselnüsse klapperten dazu.

Am Morgen konnten sie das Musikstück »I like to be in America« aus dem berühmten Musical von Leonard Bernstein singen.

Die Marquise von S. hörte es, als sie ihren Kakao trank.

»Ich kann doch nicht den ganzen Garten nach Amerika schicken«, sagte sie zu ihrer Kammerzofe.

Sie rief eine Schallplatten-Firma an, und die Leute kamen und stellten überall Mikrofone auf. »Der singende Garten der Marquise von S.« wurde eine Sensation. Die Marquise erhielt eine Goldene Schallplatte und konnte ihre Schulden bezahlen. Denn das Schloß war ganz schön teuer.

Ach ja, und was passierte mit dem bösartigen Gärtner?

Der wurde Direktor an der Pariser Oper. Vor Wut über den Grobian hörten die Stars dort auf, Opern zu singen. Sie schimpften nur noch herum, aber das wollten die Leute im Parkett natürlich nicht hören. Die Pariser Oper stand wieder einmal vor der Pleite.

Die Zeitungen schrieben: »Mit diesem Direktor kann die Stadt Paris keinen Blumentopf gewinnen.«

Das wurde der Gärtner Minister für Kultur und Gärten. Und nun hatte er über alle Gärten und Opernhäuser die Oberaufsicht. Und die einen sangen, und die anderen nicht. Der Minister trug jetzt einen weichen Hut, denn natürlich wollte er nicht mehr wie ein Grobian aussehen, weil sich das im Fernsehen nicht so gut macht.

Und so leben sie alle weiter, wenn sie nicht gestorben sind.

Ganz saure Gurken

Tatti aß so gerne saure Gurken.
Saure Gurken waren das allerliebste, was er essen wollte.
Er träumte nachts von sauren Gurken, und am Morgen,
wenn er aufwachte, schrie er als erstes nach sauren Gurken.
Er lutschte den ganzen Zag an seinen sauren Gurken.
Von Eis wollte er nichts wissen. Auch Kartoffeln schmeckten
ihm nicht. Er brauchte saure Gurken.

»Laß mal kosten«, sagte eines Tages Karina.

»Das sind meine sauren Gurken ganz allein«, rief Tatti und rannte weg.

Die Tasche hatte er vollgestopft mit sauren Gurken. Und wo er lang lief, hinterließ er eine Tropfenspur. Denn saure Gurken tropfen.

Niemand bekam von seinen sauren Gurken etwas ab.

Und damit niemand die sauren Gurken wegnehmen oder stehlen konnte, lagerte er sie unter seinem Bett, wenn er schlafen ging. Eines Nachts nun hatten die Gurken keine Lust mehr, unter dem Bett zu liegen. Es war ihnen zu heiß dort. Es wuchsen ihnen Beine und Arme. Um Mitternacht krabbelten sie unter dem Bett hervor, und sie liefen los in die Nacht. Alle Gurken liefen weg.

Am Morgen wachte Tatti auf und schrie nach seinen sauren Gurken, langte unter das Bett, um sich eine zu greifen: aber die Gurken waren alle weggelaufen.

Tatti war erst sehr ärgerlich, dann sehr traurig.

Er wollte kein Eis und keine Kartoffeln. Er wollte saure Gurken.

»Niemand ißt saure Gurken so gern wie ich«, sagte Tatti. Und damit hatte er recht.

Die Gurken wanderten bei hellem Tageslicht durch Berg und Tal und schwitzten. »Wie eklig sie aussehen«, sagten die Leute am Straßenrand. »Schrumplig und feucht.«

Nach einem Marsch von drei Tagen beschlossen die Gurken umzudrehen.

Und so kehrten sie zurück.

Und Tatti kann wieder saure Gurken essen, soviel er will. Und er gibt immer noch keine ab.

Im ewigen Eis

Mein Onkel Paul sagte eines Tages: »Am Südpol fehlt es an Vergnügen!«

So beschloß er, einen Vergnügungspark in der Antarktis zu bauen. Er brauchte nämlich dringend Geld. Und so ein Vergnügungspark, versprach er sich, würde viel Geld einbringen. »Die Touristen«, sagte er, »wissen überhaupt nicht, was sie im Ewigen Eis machen sollen.«

Er fuhr nach Neuseeland, bestieg ein Schiff und landete schließlich in einer Bucht im Eismeer, wo es eine Polarstation gab.

Die Techniker, die dort arbeiteten (sie bedienten die Thermometer), waren froh über den Besuch, denn sie hatten nicht viel zu tun.

Onkel Paul erklärte seine Idee, und so begannen sie, einen Vergnügungspark zu bauen.

Sie stellten eine Rutsche auf und Schaukeln und einen feuerspeienden Drachen. Onkel Paul wollte dem Vergnügungspark einen bayerischen Anstrich geben. Und so zog er den Pinguinen, die dort nahe der Station lebten, bayerische Lederhosen an. Das war gar nicht so leicht, da Pinguine keine Schultern haben und Hosenträger somit nicht in Frage kommen.

Überall stellte er Fahnen auf und Tische für die Gäste.

Ehrlich gesagt, es erschienen fast überhaupt keine Touristen. Irgendwie kam das Bayerische nicht so gut an in der Antarktis.

Die Pinguine sahen gar nicht komisch aus in ihren steifen Lederhosen. Und das Bier, das auf den Tischen stand, war zu gelben Eisblöcken gefroren, und wer es trinken wollte, der konnte nur wie an einem Eis am Stiel daran lecken. Wenn einer der Techniker einmal die Rutsche ausprobierte, dann ging er ein großes Risiko ein. Denn an dem eiskalten Metall blieben die Hosen hängen, und wer unten ankam, stand nackt im Polarwind. Der feuerspeiende Drache funktionierte nie richtig, er dampfte nur. Die heißen Würstchen waren so hart wie Brikett-Kohlen.

Es war kein Vergnügen.

Onkel Paul gab das Geschäft auf und fuhr mit dem nächsten Dampfer zurück nach Neuseeland.

In der Kälte der Antarktis verdirbt nichts. Es ist, als würden alle Dinge wie in einem Tiefkühlschrank aufbewahrt. Ein Stück Taschentuch, das jemand wegwirft, bleibt für tausend Jahre und länger liegen. Eine Skispur im Schnee friert so fest, daß sie noch jahrelang zu sehen ist. Das ist der Grund, weshalb die Leute vom Ewigen Eis sprechen.

Und so steht nun ein Vergnügungspark in der Antarktis. Die Fahnen sind steif gefroren, und die Würstchen sind von Pulverschnee überzogen.

Und irgendwo liegen auch bayerische Lederhosen herum. Das sieht überhaupt nicht gut aus.

Es ist einfach besser, die Antarktis so kalt und menschenleer zu belassen, wie sie immer war.

Neuguinea-Meyer

Im Regenwald von Papua-Neuguinea lebte ein Untier. Das heißt, es war eigentlich ein ganz normales Tier mit zwei Nasenlöchern, zwei Augen und vier Beinen und einem Buschel-Schwanz.

Das Problem war: Das Tier war vollkommen unentdeckt. Kein Forscher hatte es je gesehen, kein Tourist fotografiert, und kein Missionar hat es gefangen. Es war ein Tier, das keinen Namen hatte, weil niemand wußte, daß es überhaupt im Wald von Papua-Neuguinea lebte.

Das Tier war namenlos. Und darüber war es unglücklich.

»Jedes Tier hat einen Namen und steht im Lexikon, nur ich nicht«, sagte es zu einem Grünen Makako, der natürlich stolz war, als Affe einen so schönen Namen zu tragen.

»Solange du nicht entdeckt bist«, sagte der Grüne Makako, »mußt du damit leben, ein Untier zu sein.«

»Ich will entdeckt werden«, sagte das Untier.

Und es wanderte los und kam zu einem Urwaldkrankenhaus. Der Wächter dort bekam einen derartigen Schreck, als er das Untier zum Fenster seines Büros hereinblicken sah, daß er sein Gewehr packte und einen Schuß abfeuerte. Natürlich nahm das Untier die Beine in die Hand und rannte, was das Zeug hielt.

»Es ist nicht einfach, entdeckt zu werden«, sagte sich das Untier.

Es traf auf einer Lichtung drei Männer, die einen Fernsehfilm drehten.

»Aus dem Weg«, riefen sie.

»Ich will entdeckt werden«, antwortete das Untier.

Die Fernsehleute lachten nur. »Das wollen viele. Wir drehen hier einen Dokumentarfilm, und darin kommst du nicht vor.«

Sie wußten ja nicht, daß sie gerade mit einem bisher unentdeckten Untier sprachen.

Traurig schlich es davon.

Es wanderte nach Moresby, und dort endlich rief ein Mann: »Wie wunderbar, ein unentdecktes Tier. Ich taufe dich Neuguinea-Meyer.« Der Mann hieß nämlich Meyer und war nun stolz, einem unbekannten Tier seinen Namen zu geben.

Er versprach dem Neuguinea-Meyer eine weite Reise und einen kostenlosen Hotelaufenthalt, wenn es mit ihm kommen würde. Das ehemalige Untier, froh, nun endlich einen

eigenen Namen zu tragen, willigte ein.

Und so kam Neuguinea-Meyer in den Zoo von Zwei-
brücken, und da sitzt es noch immer.

Und träumt davon, als Untier durch den Regenwald zu
streifen.

Onkel Pauls Vogelscheuchen

Mein Onkel Paul hat vor einigen Tagen ein neues Geschäft aufgemacht.

Er verkauft gar nichts. Er kauft nur ein. Und zwar Vogelscheuchen. Jeder, der eine Vogelscheuche auf dem Feld hat oder im Garten oder auf dem Dachboden, der kann sie zu Onkel Paul bringen. Er nimmt jede Vogelscheuche mit Kußhand. Oder für fünfzig Pfennig. Er kauft Vogelscheuchen im Frack. Oder welche, die einen Badeanzug tragen. Mit Hut und mit Mütze. Mit Brille oder ohne. Die häßlichsten Fratzen mit Triefaugen und Zahnlöchern. Scheuchen in Lumpen und Fetzen. Je schauerlicher sie aussehen, desto lieber nimmt sie Onkel Paul. Und die Vogelscheuchen, die laut knarren oder piepsen, die knistern und krachen, die begeistern ihn am meisten.

»Du liebe Güte, Onkel Paul, willst du denn alle Vögel vertreiben?«

»Nein«, erklärt Onkel Paul, »ich will die Vögel retten!«

Onkel Paul fährt nächste Woche in die Wüste. Dort, wo in Kuweit Krieg war, sind die Ölquellen zerstört worden. Und das Öl fließt und fließt aus den Erdlöchern und überschwemmt die Wüste. Von oben sieht es aus, als gäbe es plötzlich in der Wüste blinkende Seen.

Die Zugvögel, die jedes Jahr von Norden, aus Sibirien oder Norwegen, aus Italien oder der Türkei, nach Afrika fliegen, um dort in der Wärme den Winter zu verbringen, haben die Gewohnheit, immer dieselben Flugstrecken zu reisen.

Millionen von Zugvögeln brausen durch den Himmel. Die Strecke über der Wüste ist besonders lang und gefährlich – da gibt es wenig zu fressen und nichts zu trinken. Und nun plötzlich scheint dort unten ein See zu blinken. Silbern und verlockend.

Und die Zugvögel fallen darauf herein: sie landen mitten in den Öl-Seen. Und natürlich ist das eine Katastrophe.

Die Federn verkleben schwarz, und die Vögel können sich nicht mehr aufschwingen.

»Deshalb«, so erklärt Onkel Paul, »muß ich so viele Vogelscheuchen haben, wie ich nur kriegen kann. Morgen fahre ich los. Und ich stelle überall rund um den Öl-See meine Vogelscheuchen auf, und ich mache so viel Lärm, wie ich nur kann. Dann fliegen die Zugvögel weiter nach Afrika ohne einen Zwischenstop in Kuweit, und so können sie überleben.«

»Da fahren wir mit«, schrien die Kinder. Aber leider haben sie für die Reise kein Schulfrei bekommen. Obwohl es wirklich sinnvoll gewesen wäre, daß die Kinder die Zugvögel retten.

Dann hätten sie nämlich nächstes Jahr ganz stolz singen können: »Alle Vögel sind schon da, alle Vögel, alle ...«

Es kann passieren, daß sie so etwas singen und draußen fliegt überhaupt keine einzige Schwalbe mehr.

Wie soll Onkel Paul ganz allein mit seinen 2456 Vogelscheuchen die Zugvögel retten – kann mir das mal einer verraten?

Eine Eselsgeschichte

Ein Esel in Algeciras mit dem Namen Grautierchen drehte jahraus und jahrein ein Wasserrad.

Er lief im Kreis und bewegte damit die Pumpe, die das Wasser aus der Tiefe hervorholte. Es floß über hölzerne Röhren in die Felder. Und dort wuchs der Reis.

Hoch oben in Algeciras kann jeder zwei Meere sehen: auf der einen Seite das Mittelmeer und auf der anderen den Atlantik. Die treffen nämlich dort zusammen. Und so hatte der Esel, wenn er sich um die Pumpe drehte, immer ein Meer vor Augen, weite, weite Wasserflächen, die manchmal so blau aussahen wie die Schale einer Pflaume und manchmal so grün wie ein kranker Matrose.

»Warum muß ich armer Esel immer die Pumpe drehen und habe dabei doch zwei Meere vor Augen«, jammerte Grautierchen. Ein Star, der es hörte, rief: »Weil du ein Esel bist …«, aber das war eigentlich eine Frechheit. Und ich kann sagen, daß ich schon Esel kennengelernt habe, die keineswegs dumm waren.

Grautierchen wäre gern mit einem Schiff gefahren.

»Mit einem Schiff«, sagte er, »würde ich rund um die Welt segeln, immer rund!«

Und Grautierchen trottete weiter im Kreis, und die Pumpe knarrte. Die Leute unten im Dorf hatten sich so sehr an Grautierchen gewöhnt, daß sie aufschreckten, wenn er einmal stehenblieb, um sich den Schweiß aus der Mähne zu schütteln.

Grautierchen drehte die Pumpe jeden Tag. In der heißen Sonne des Mittags und auch, wenn es Sturm gab, der Sand aus Afrika über die Felder wehte. Und bei Gewitter, wenn die Bauern ängstlich aus den Hütten starrten, dann konnten sie manchmal im Blitzlicht Grautierchen erkennen, der dann ganz weiß aussah.

Der Reis hatte immer genug Wasser.

Eines Tages kamen Leute ins Dorf und brachten Kabelrollen mit und Maschinen. Die Elektrizität war erfunden worden. Und natürlich wurde nun eine elektrische Pumpe gebaut. Und Grautierchen hatte nichts mehr zu tun. Er stand auf dem Feld und lief im Kreis.

Er hatte kein Geld, sich eine Schiffspassage zu kaufen.

Grautierchen wurde dünner und dünner, und die Leute sagten: »Der Esel macht es nicht mehr lange.«

Und eines Tages nahm Grautierchen ein letztes Mal alle Kraft zusammen und rannte los – natürlich im Kreis. Und er stieg plötzlich höher und höher und war schon im Himmel angekommen. Und dort steht er nun: »Siehst du das Sternbild des Grauen Esels?« sagt manchmal jemand zu seinem Liebsten, wenn er in Algeciras in den Himmel schaut.

Dort oben kreist Grautierchen, nicht sehr weit weg. Fast zum Greifen nahe. Im Sommerhimmel ist er am besten zu sehen. Keiner der Bauern erinnert sich mehr an den kleinen Esel, der einstmals die Pumpe bewegt hat.

Reiseabenteuer

Mein Onkel Paul hat einst – und das war bei Kuala Lumpur – einen Kofferfisch geangelt. Praktisch, dachte er. Den kann ich auf meinen Reisen gebrauchen.

Der Kofferfisch hatte einen schönen Henkel auf dem Rücken. Onkel Paul fuhr nach Bangkok, und dort auf dem Flughafen wollte er den Kofferfisch in der Gepäckabgabe aufgeben.

»Wir nehmen keine Fische an«, sagte der Gepäckmann.

»Warum nicht?«

»Weil wir kein Aquarium sind.«

»Aber dies ist ein Kofferfisch.«

»Wir machen keine Ausnahme!«

Da mußte Onkel Paul weiterreisen. Der Kofferfisch entwickelte nach einigen Reisetagen einen starken Geruch, sozusagen ein Fisch-Parfüm. So bekam Onkel Paul immer einen freien Platz. In der Eisenbahn. Im Autobus. Oder im Flugzeug.

Eines Tages sagte die Stewardeß: »Wir nehmen keine stinkenden Fische an Bord!«

»Aber dies ist ein Kofferfisch«, sagte Onkel Paul. Half aber nichts. Bei der nächsten Landung wurde er rausgesetzt. Und er stand mitten in der Nacht auf dem Flughafen von Istanbul und wußte nicht wohin. Es war dunkel, und Onkel Paul brummte: »Das nächste Mal fange ich einen Neonfisch, dann kann ich mich wenigstens in der Nacht umblicken.« Und ließ den Kofferfisch auf der Brücke stehen, die in

85

Istanbul Asien mit Europa verbindet – und dort steht er immer noch und stinkt.

Oder auch nicht. Vielleicht ist Mustapha vorbeigekommen und hat dem Kofferfisch einen Stups gegeben – dann ist er hinunter in den Bosporus gefallen. Und weggeschwommen. Nach Europa oder nach Asien.

Im Sternenmeer

Eines Tages hatten es die Schuhe satt, immer getreten zu werden. Sie rannten davon. Da mußten die Menschen barfuß gehen. Eines Tages sagten die Hemden: »Uns stinkt das hier!«, und sie schwammen davon. Da mußten die Menschen ohne Hemden herumlaufen. Eines Tages sagten die Löffel: »Uns steht es bis obenhin!«, und sie verschwanden aus den Schubladen. Da mußten die Menschen mit den Händen essen.

Eines Tages sagten die Häuser: »Es gefällt uns nicht mehr, daß jedermann durch unsere Zimmer rennt und Nägel in die Wände schlägt.« Die Häuser falteten Wände und Dächer zusammen, und über Nacht waren sie ausgewandert. Da standen die Menschen auf der Straße.

Eines Tages sagten die Bäume: »Wir wollen keinen Gestank mehr einatmen und kein salziges Wasser trinken.« Und so wedelten sie mit den Ästen und flogen davon. Da hatten die Menschen keine Bäume mehr und auch keinen Schatten.

Eines Tages sagten die Straßen: »Das gefährliche Herumrasen auf unseren Rücken stört uns schon lange!« Und sie rollten sich zusammen wie Teppiche. Da wußten die Menschen nicht mehr, wie sie von einem Ort zum anderen kommen sollten.

Eines Tages sagte die Erde: »Wie bin ich so öde und leer geworden.«

Und sie brach in drei Teile.

Die Menschen purzelten durcheinander und fielen in den großen Weltraum. Und wenn sie einander begegneten, wie sie so durch die Weiten segelten, riefen sie einander zu: »Hast du einen Stern gesehen, einen schönen Stern, auf dem es sich lohnt zu leben?«

»Wenn ich einen finde, dann sage ich allen Bescheid.«

Raum für Notizen

In manchen Büchern finden sich am Ende weiße Seiten.
Und darüber steht dann:
RAUM FÜR NOTIZEN
Neulich war ich in der Bibliothek und habe ein sehr altes,
sehr dickes Buch aufgeschlagen. Und hinten, nach einer
langen Abhandlung über Farnkräuter und Edelpilze, stand
über einer Seite:
RAUM FÜR NOTIZEN
Und da war eine kleine Tür aufgemalt.
Ich öffnete sie und trat in den Raum für Notizen. Da waren
alle Wände vollgekritzelt. Ehrlich, es sah fast so aus wie auf
einem Bahnhofsklo.
Da stand:
Die Prinzessin ist keine Prinzessin. Der König ist kein
König. Der Wald ist stumm.
Der Brei ist dünn. Der Pilz ist ungiftig. Die Zwerge sind
Riesen. Die Geschichten sind dumm. Wer diese Geschichte
liest, wird schlau.
Alle Wände waren von oben bis unten vollgeschrieben:
Das Lied ist zu lang. Das Märchen ist zu kurz (nur zwei
Meter).
Es war überhaupt kein Platz mehr frei.
Und da gab es noch eine kleine Tür. Auf der stand:
HEREIN UND HERAUS.
Ich trat durch diese Tür. Sie knarrte furchtbar.
Ich kam in ein kleines Zimmer. Darin saß ein alter Mann mit

einem langen Bart an einem Tisch und schrieb in ein Notizheft.

»Mir fällt überhaupt nichts mehr ein«, jammerte er, als er mich eintreten sah.

»Das Gefühl kenne ich«, antwortete ich.

»Ich bin hier, um alles aufzuschreiben, was in den Büchern vergessen wurde. Wo soll ich bloß anfangen?«

Er zeigte mir sein Notizbuch: »Alles ist alles, und nichts ist nichts«, jammerte er, und ich sagte: »Was erzählen Sie denn da? Wer soll das verstehen?«

Und der alte Mann schrieb auf: »Wer soll das verstehen?«

Dann nahm er sich einen Kaffee aus der Kaffeekanne.

Es war nicht ungemütlich im Raum für Notizen.

Aber dann geschah etwas Unangenehmes. Es kam nämlich die Bibliothekarin vorbei, und als sie das aufgeklappte alte Buch liegen sah, fing sie an zu brummen: »Wer hat denn schon wieder vergessen, diesen wertvollen Band ins Regal zurückzustellen?«

Sie nahm den Band und brachte ihn in die richtige Reihe im Regal.

Dabei klappte sie das Buch natürlich zusammen.

Und da wurde es eng in diesem Raum für Notizen. Die Wände lagen nun ganz dicht aufeinander, der Tisch war platt und der alte Mann so zusammengedrückt wie eine Rasierklinge. Und der Kaffee machte einen Kaffeefleck in dem alten Papier.

Ich hatte Mühe, herauszukriechen. Es war so eng, und das Papier roch stockig. Ich mußte niesen.

Die Bibliothekarin stand unten und schrie: »Um Himmels

willen, was krauchen Sie denn da im Regal herum und niesen meine schönen alten Bücher voll?«

»Ich komme aus dem Raum für Notizen«, versuchte ich zu erklären.

Aber die Bibliothekarin sagte nur: »Machen Sie, daß Sie hier verschwinden. Im Raum für Notizen hat niemand etwas zu suchen.«

Und so verließ ich die Bücherei.

Jeder, der aus Neugier den Raum für Notizen betritt, sollte darauf achten, daß keiner kommt und das Buch zuklappt. Er könnte sich böse klemmen.

RAUM FÜR NOTIZEN

Gabriele Dietz (Hrsg.)
Das knallgrünkarierte Känguruh
18 ganz unglaubliche Geschichten

Das Buch beginnt mit einem Gepolter. Ein knallgrünkariertes Känguruh hüpft dem Max auf den Frühstückstisch und ißt ihm zu allem Übel auch noch das Frühstück weg. Zielstrebig besetzt das Känguruh alle Besitztümer des kleinen Jungen. Das geht so lang, bis Max hinter das Geheimnis der grünen Würfel kommt. Bis dahin darf viel gelacht werden. Die Geschichte entwickelt so viel Komik und Turbulenzen, daß kein Auge trocken bleibt. Und was so frech und unkonventionell anfängt, zieht sich durch alle 18 Geschichten des Buches.

»Gabriele Dietz hat die 18 unglaublich-witzigen Geschichten zusammengestellt. Geschichten zum Vorlesen oder ersten Selberlesen für Kinder ab 5 Jahren. Der Spaß ist garantiert.« Up to Dates

96 Seiten mit 15 Zeichnungen von Regina Kehn, ab 5 Jahre

ELEFANTEN PRESS
ISBN 3-88520-378-2

Stefan Reisner

88 Pfund Schlafsahne

Geschichten, Spinnereien, Verzwicktes und Verzwacktes

Alfredo aus Kolumbien erzählt es Maitoki aus Sri Lanka, die erzählt es Shio aus Korea, die flüstert es Roselynn aus Paris zu. die sagt es Patrick, der in Bremen wohnt ... Was denn? Wird nicht verraten – Geschichten, Spinnereien, Verzwicktes und Verzwacktes: von Kaffeebohnen auf Reisen, Kindern im Schrank, Brüdern mit Klopfgeist – und noch viel mehr Geschichten aus aller Welt.

»Viele Geschichten führen auch in fremde Länder, erzählen von anderen Lebensgewohnheiten, ohne daß man das Gefühl hat: Aha, jetzt geht's um Toleranz usw.
88 Geschichten aus allen Ecken der Welt, von überall her, wo Menschen lachen, schreiben und einander zublinzeln.«
Wir Eltern

240 Seiten mit vielen Zeichnungen von Klaus Stuttmann, ab 5 Jahre

ELEFANTEN PRESS
ISBN 3-88520-279-4